INTRODUCTION

A L'ÉTUDE

DES PIERRES GRAVÉES.

INTRODUCTION

A

L'ÉTUDE

DES

PIERRES GRAVÉES,

PAR A. L. MILLIN,

CONSERVATEUR *du Muséum des antiques à la Bibliothèque nationale, Professeur d'Histoire et d'Antiquités, des Sociétés d'Histoire Naturelle et Philomatique de Paris, de l'Académie des Curieux de la Nature à Erlang; de l'Académie de Dublin, de la Société Linnéene de Londres, de celle de Médecine de Bruxelles, et de celle des Sciences physiques de Zurich.*

Multis hoc modis, ut cætera omnia, luxuria variavit, gemmas addendo exquisiti fulgoris, censuque opimo dignos onerando; mox et effigies varias cælando, ut alibi ars, alibi materia esset in pretio.
Plinius, Lib. 33, Sect. 6.

A PARIS,

De l'Imprimerie du MAGASIN ENCYCLOPÉDIQUE, rue S. Honoré, vis-à-vis S. Roch, n°. 94.

L'an quatrième.
1796.

A

PAUL RABAUD,

REPRÉSENTANT DU PEUPLE FRANÇAIS,

PROSCRIT AU XXXI MAI M. DCC. XCIII,

CITOYEN ÉCLAIRÉ,

PHILOSOPHE SENSIBLE,

ZÉLÉ PROMOTEUR DES ARTS,

AUTEUR DU RAPPORT SUR LES COURS D'ARCHÆOLOGIE:

A LA MÉMOIRE

DE JEAN-PAUL RABAUD,

PUBLICISTE PROFOND,

LITTÉRATEUR INGÈNIEUX,

PATRIOTE SINCÈRE,

REPRÉSENTANT DU PEUPLE FRANÇAIS,

VICTIME GÉNÉREUSE DE LA TYRANNIE DÉCEMVIRALE:

FRERES CHERS A MON CŒUR,

DONT LES NOMS, A JAMAIS RESPECTÉS,

INSPIRERONT DE TOUCHANS SOUVENIRS

AUX AMIS DES LETTRES,

DE L'HUMANITÉ

ET DE LA VERTU.

AVERTISSEMENT.

A LA têｔe de mon *Introduction à l'étude des Monumens antiques* j'ai annoncé une *Introduction à l'étude des Pierres gravées ;* c'est celle que je publie aujourd'hui pour l'usage de ceux qui me font l'honneur de suivre les Cours que je donne à présent sur cette partie de l'Archæologie.

Cette Introduction est un court résumé de mes cahiers ; elle sert de texte à chacune de mes leçons ; elle donne une idée de la méthode que jc suis dans mon Cours , et peut servir à diriger ceux qui veulent y donner une attention plus particulière.

Je compte publier , dans peu , une *Introduction à l'étude de la Numismatique ,* lorsque je commencerai mon Cours sur la science des Médailles, au commencément de Brumaire de l'année cinquième.

Je demande quelqu'indulgence pour ces Elémens, à cause de la précipitation avec laquelle j'ai été obligé de les rédiger. Je n'ai considéré que le désir d'être utile, seul but de mes efforts et de mes travaux.

Les Cours d'Archæologie ont lieu dans la salle du Muséum des Antiques à la Bibliothèque nationale le 2, le 4 et le 8 de chaque décade, à une heure.

INTRODUCTION

INTRODUCTION

A L'ÉTUDE

DES PIERRES GRAVÉES.

INTRODUCTION.

LA gravure en pierres fines peut se définir par un terme univoque, celui de *glyptique*, dérivé du grec γλυφεῖν, graver; on dit *glyptique*, comme on dit *optique*, *mécanique*, *toreutique*, etc.

La glyptique est l'art de graver des images sur des pierres dures à l'aide d'instrumens particuliers.

Il a suffi de tracer des traits sur des pierres tendres pour faire naître l'idée d'en former de plus durables sur des pierres qui offrent plus de résistance. Les inscriptions lapidaires peuvent donc être regardées comme la première origine des pierres gravées. On transporta les hiéroglyphes égyptiens sur des pierres d'un plus petit volume ; on les isola, et on passa de là à la représentation d'autres images.

L'application de l'art de la gravure à celui de tirer des empreintes a dû nécessairement conduire

A

à l'idée du monnoyage. On a gravé alors sur du fer bien trempé, afin de laisser un relief sur des métaux plus ductiles. La gravure a donc précédé le monnoyage.

Les pierres gravées étant devenues un objet d'ornement, les artistes se sont exercés à prouver, par elles, l'excellence de leur talent ; les amateurs y ont fait réduire les chefs-d'œuvres de la peinture et de la sculpture : on y a représenté les objets du culte et tout ce qui étoit susceptible d'imitation. Leur nombre est devenu considérable, et leur connoissance est aujourd'hui une étude curieuse sous le rapport de l'art et sous celui de l'érudition.

Cette étude est d'autant plus agréable, que ces petits monumens sont ceux que l'on rencontre le plus souvent : il faut visiter les musées pour voir des marbres, des bronzes, des statues ; il faut visiter les médaillers pour voir des médailles. Mais on rencontre chaque jour, dans la société, des personnes qui portent en bagues ou en cachets des pierres antiques. Il est intéressant d'apprendre à les connoître et à les expliquer.

Traités généraux sur les pierres gravées.

On appelle l'art de graver en pierres fines *glyptique ;* la connoissance des pierres gravées se nomme *glyptographie,* c'est-à-dire, *description des gra-*

vures en pierres fines , comme on dit *géographie , cosmographie ,* etc.

On a composé un très-grand nombre d'ouvrages sur les pierres gravées ; mais il y a peu de traités élémentaires : on peut même dire qu'il n'y en a pas en français qui, par leur prix et leur étendue, soient à la portée de tous les lecteurs.

M. Vettori a le premier donné quelques préceptes sur la glyptographie ; Mariete a composé un traité des pierres gravées très-étendu et très-bien fait ; mais il est volumineux et cher. Busching a rédigé, pour ses auditeurs, de courts élémens de glyptographie : ils sont en allemand.

Ceux qui veulent avoir une idée de tous les ouvrages composés sur la glyptographie peuvent consulter la *Bibliothèque dactyliographique* qui termine le traité de Mariete , la *Bibliothèque de peinture et de gravure* de M. de Murr , et la notice qui termine l'article *Pierres gravées* dans le dictionnaire des beaux-arts de Sulzer.

Substances propres à la Glyptique.

Avant d'entreprendre l'histoire de la glyptique, nous devons connoître ses procédés ; mais ces détails doivent encore être précédés de la connoissance des substances que le graveur emploie.

Ces substances sont ANIMALES , VÉGÉTALES et MINÉRALES.

Parmi les substances ANIMALES on compte les *coquilles*, la *nâcre de perle*, le *burgau*, le *nautile*, les *chames*, les *porcelaines* (*cypreœ* L.), le *corail*, l'*ivoire*.

Parmi les substances VÉGÉTALES ou *végéto-animales*, les différens bois et le succin.

Les substances MINÉRALES sont les *bitumes*, les *minéraux* et les *pierres*.

Parmi les bitumes on distingue le *jayet*, dont quelques figures sont faites.

Parmi les métaux on cite l'*hématite*, oxyde de fer que les Egyptiens ont beaucoup employé, et la *malachite*, oxyde de cuivre plus fréquemment traité par les artistes modernes.

Les pierres sont les substances que les artistes ont le plus travaillées : on y distingue les *pierres calcaires*, les *pierres argilleuses*, les *pierres magnésiènes* et les *pierres siliceuses*.

Je comprends, parmi les pierres calcaires, un *schiste calcaire* que les Egyptiens ont employé à la gravure.

Parmi les pierres argilleuses, le *lapis lazuli*, pierre bleue, sur laquelle des pyrites cuivreuses forment des traces dorées, tient le premier rang : il n'a cependant été employé que par les modernes.

La *pierre ollaire*, sur laquelle nous avons plusieurs gravures égyptiennes, est une pierre magnésiène.

Les pierres siliceuses ou quartzeuses sont les plus dures, et celles sur lesquelles les grands artistes se sont principalement exercés.

On les distingue *en pierres transparentes ; pierres demi-transparentes, et pierres opaques.*

Des Pierres siliceuses transparentes.

Les pierres transparentes sont les plus belles, les plus dures, celles qui ont mérité, chez les anciens et chez les modernes, les noms de *pierres nobles*, de *pierres précieuses*, de *gemmes*.

Des Gemmes.

On a fait un grand nombre de traités sur les pierres précieuses ; mais la plupart ont eu pour objet de commenter les passages de l'écriture qui parlent des pierres du rational du grand-prêtre des Juifs. Théophraste est le plus ancien auteur grec qui en ait traité : il en a composé un ouvrage particulier. Onomacrite a donné, sous le nom d'Orphée, un poëme sur les pierres précieuses ; mais il n'est plein que d'idées mystiques et relatives aux vertus que leur supposoit ce Thaumathurge. Pline leur a principalement consacré son trente-septième livre.

Les auteurs du moyen âge ont encore enchéri sur la crédulité des écrivains grecs et romains, ainsi qu'on peut s'en convaincre en lisant ce qu'Avicenne, Mesué, Arnauld-de-Villeneuve et Albert-le-Grand ont dit des pierres précieuses. Marbod, évêque de Rennes, a composé un poëme sur les gemmes.

Parmi les modernes, Dutens a fait un petit traité des pierres précieuses ; Bruckman a composé sur elles trois volumes *in-8°.* ; Daubenton et d'autres minéralogistes en ont écrit.

On examine, pour la parfaite connoissance des pierres, leur pesanteur spécifique, leur cassure, leur qualité plus ou moins électrique, leur phosphorescence, leur crystallisation, la forme de leurs molécules intégrantes : mais le glyptographe ne peut examiner que les pierres employées, travaillées, polies et souvent montées. La pesanteur spécifique et la dureté sont donc les caractères auxquels il doit principalement s'arrêter. Ces caractères n'avoient point échappé à Pline.

Quelques naturalistes ont classé les gemmes d'après leurs couleurs. Daubenton a indiqué celles du prisme ; mais cette classification est vicieuse, puisqu'il y a des pierres qui admettent toutes les couleurs, et qu'on peut voir des saphirs blancs et des diamans jaunes ou noirs.

D'autres les partagent en pierres d'Orient et pierres d'Occident ; mais cette dénomination est fausse, puisqu'il y a en Orient des pierres que les jouailliers nomment *occidentales*, et Occident, des pierres qu'ils appellent *orientales*, ce mot n'exprimant pour eux que la perfection de la gemme.

Les naturalistes classent les gemmes d'après leur

nature , les jouailliers d'après leur rareté : la classification du glyptographe doit être relative à l'art
de la gravure ; il doit considérer les pierres précieuses selon leur degré de dureté.

Il est souvent très-diffi ile de rapporter à un nom
moderne les pierres indiquées par les anciens, parce
que la moindre tache , la plus légère différence
devenoit pour eux la cause de nouvelles déno-
minations qui rendent cette synonymie extrêmement
embarrassante.

Les anciens ne gravoient que très-rarement sur
les gemmes ; ils craignoient de leur faire perdre de
leur prix en diminuant leur volume : les artistes
modernes les ont moins respectées.

Les anciens faisoient un très-grand cas des pierres
précieuses : Scaurus est le premier qui en ait eu une
collection. Ce fut Pompée qui en répandit le goût
en transportant à Rome la collection de vases et
le baguier de Mithridate , qu'il déposa au capitole.
On portoit des gemmes aux habits , aux souliers ;
les vases destinés aux usages, les plus vils en étoient
ornés. Mais ici , par pierres précieuses , il ne faut
pas entendre des pierres gravées , ainsi que l'ont
fait plusieurs écrivains.

Les gemmes se distinguent des autres pierres précieuses en ce qu'elles sont transparentes et que leur tissu
est vitreux ; en les rangeant d'après leur dureté nous
aurons le *diamant,* que quelques naturalistes placent

parmi les substances inflammables , parce qu'il brûle sans laisser aucun résidu ; les anciens n'employoient que les diamans bruts, polis par un frottement naturel et dans leur état primitif de crystallisation , qui est octaèdre rectangulaire. On nomme ces diamans pointes naïves. La taille du diamant n'a été inventée qu'en 1476 par Louis de Berquen , de Bruges.

Puisque les anciens ignoroient l'art de tailler et de polir le diamant, ils ne l'ont point gravé, quoique quelques faussaires aient voulu faire passer pour antiques de mauvais diamans gravés. Jacques de Trezzo est le premier qui ait gravé sur diamant ; d'autres nomment Clément de Biragues en 1564 ; d'autres prétendent qu'Ambroise Charadossa avoit gravé , en 1500 , la figure d'un père de l'Eglise sur un diamant pour le pape Jules II. Natter et Costanzi ont gravé sur le diamant.

Les grands artistes ne doivent pas perdre leur temps à traiter une substance aussi dure , qui n'ajoute à leur ouvrage d'autre mérite que celui de la difficulté vaincue, et à laquelle ils font perdre de son prix réel en diminuant son volume.

Le *saphir* est une pierre de couleur bleue : on appelle *saphir oriental* une gemme qui prend différens noms suivant sa couleur, et qui est toujours la même par sa nature. Havy la nomme , pour cette raison , la PIERRE ORIENTALE. Le *saphir oriental*, le *rubis oriental*, l'*améthyste orientale*, la *topaze orientale*, ne sont autre chose que la PIERRE ORIENTALE colorée par un oxyde métallique, en bleu, en rouge, en violet ou en jaune : ceci prouve combien le caractère de la couleur est insuffisant.

Le saphir oriental est la pierre la plus dure après le diamant : les saphirs occidentaux ne sont pas des gemmes, mais des crystaux de roche colorés en bleu par un oxyde. Tel est le saphir d'eau.

Notre saphir n'est point celui connu des anciens sous ce nom ; ils le nommoient *cyanos* : c'étoit peut-être encore leur *beryllus aeroïdes.* Nous avons aussi quelques gravures modernes sur saphir.

J'ai dit que Havy donne au rubis oriental, à la topaze orientale, au rubis, au saphir, le nom de *pierre orientale.* Romé de Lille, réunit toutes ces gemmes sous le nom de *rubis.* Cette pierre est d'un rouge couleur de feu ; c'est celle que les anciens ont nommée *anthrax, carbunculus*, mot que nous rendons par *escarboucle*, pour exprimer sa ressemblance avec un charbon ardent : le plus recherché est le *rubis balais* d'un beau rose ; c'est celui qu'on nomme *rubis d'Orient* ; le *rubis spineile* est d'une couleur orangée et plus obscure ; le *rubis du Brésil*, quoique d'un beau rouge, est le moins estimé.

Les anciens ne gravoient pas le rubis, parce que sa couleur et son nom leur avoient fait croire qu'il fondoit la cire : on a des cachets modernes sur rubis.

Les anciens connoissoient l'*émeraude* ; mais toutes les pierres qu'ils nommoient *smaragdes* n'étoient pas l'émeraude ; et c'est de ce qu'on a toujours traduit le mot *smaragde* par émeraude, qu'est venue la confusion. Ils réunissoient sous ce nom toutes les pierres vertes, les pras's, les crystaux colorés, les jaspes, les malachites, etc., etc. Les colonnes, les statues, les grandes smaragdes citées par les anciens étoient de ce genre ; mais les petites smaragdes dont parle Théophraste étoient notre émeraude : on en tiroit de la Thébaïde, et il existe encore des pierres gravées égyptiennes sur émeraude.

Les anciens aimoient beaucoup cette pierre ; les graveurs s'en servoient pour se reposer la vue. Néron regardoit à travers une émeraude concave les jeux de cirque ; mais on la respectoit trop pour l'entamer par la gravure. Les modernes l'ont assez souvent travaillée.

Les anciens confondoient autrefois sous le nom de *berylle* toutes les pierres légèrement teintes de quelque couleur. La pierre de ce nom la plus estimée est celle que nous nommons *aigue-marine*, à cause de sa couleur d'eau de mer, *aqua marina*. Les anciens la tailloient à facette. Le Muséum national possède une superbe aigue-marine sur laquelle Evodus a gravé la tête de Julie, fille de Titus. L'aigue-marine tirant sur le jaune se nommoit *chrysoberylle*.

La *topaze* est bien la pierre que les Grecs appeloient *topazon* ; mais ce n'est point celle à laquelle les Romains donnoient ce nom, puisque cette pierre étoit verte, et que celle-ci est jaune. C'est celle qu'ils appeloient *chrysolithe*, pierre dorée; elle recevoit le nom de *chrysolampis* quand elle étoit d'une couleur scintillante; de *chrysophis*, si elle étoit d'un jaune verdâtre, comme la peau d'un serpent; *lemochryse*, quand sa couleur étoit interrompue par une tache blanche; *capnia*, si sa couleur étoit enfumée; *melychryse*, si elle approchoit de celle du miel. On en tiroit de Pont, de l'Arabie, de la Bactriane, de l'Espagne.

Les Romains aimoient beaucoup la chrysolithe. Cléopâtre fit présent d'une belle chrysolithe à Antoine; Ovide orne de cette pierre le char du Soleil.

La topaze des Grecs n'a été confondue avec la chrysolithe de Pline que parce que ce sont les Pères de l'Eglise qui en ont parlé les premiers, comme d'une des pierres du pectoral du Grand-Prêtre des Juifs; et comme la plupart étoient grecs, et écrivoient en grec, ils ont adopté le nom que les auteurs grecs donnoient à notre topaze, sans considérer que Pline et les auteurs latins indiquent par le mot *topazon* une pierre verte et bien différente.

Les anciens n'ont point gravé sur topaze. Le Muséum des antiques possède le portrait de Philippe II et de dom Carlos sur une topaze, par Jacques de Trezzo.

Notre *chrysolithe* n'est point la pierre à laquelle les anciens donnoient ce nom, puisque celle-ci étoit notre topaze, mais peut-être celle qu'ils nommoient *chrysophis*, c'est-à-dire, verd doré, comme la peau de quelques serpens. La chrysolithe est en effet d'un jaune verdâtre. On en trouve en Espagne, aux Indes, au Brésil, etc.

L'*Hyacinthe* est une pierre d'un rouge doré, assez semblable au succin foncé. Ce n'est point la pierre à laquelle les anciens donnoient ce nom. Quelques auteurs pensent que notre hyacinthe étoit leur *lyncurium*. Il paroît qu'ils donnoient ce nom à une pierre d'un violet-clair du genre des améthystes. Il ne faut point confondre avec l'hyacinthe orientale l'hyacinthe des volcans, dont la dureté est bien moins considérable. On a un grand nombre de gravures sur hyacinthe.

L'*améthyste orientale* est la *pierre orientale*. Il faut la distinguer de l'amethyste ordinaire, qui n'est qu'un crystal coloré ; alors on le nomme prisme d'améthyste. On en trouve en Auvergne des morceaux d'une grande portée que l'on travaille et taille en colonne ; mais les graveurs anciens ne travailloient que l'améthyste orientale. Nous avons sur cette pierre une tête inconnue, qu'on dit être celle de Mécène, et qui porte le nom du célèbre graveur Dioscorides.

Les anciens faisoient des coupes d'améthyste, parce qu'ils croyoient que cette pierre bannissoit l'ivresse. C'est de là qu'elle tiroit son nom de l'*a* privatif et d'un verbe grec μεθύω, j'enivre. Cette prétendue propriété est le sujet d'une jolie épigramme de l'anthologie.

Les anciens confondoient le grenat avec l'escarboucle à cause de sa couleur rouge. Pline dit que cette couleur doit être tempérée par le violet de l'améthyste. Caylus pense que les anciens ont connu l'espèce que nous nommons *grenat syrien* ou *surian*, parce qu'il vient de *Surian* ou *Syrian*, au Pégu. Ils l'ont employé gravé ou non gravé. Pline, selon Joannon de Saint-Laurent, le désigne aussi sous le nom de *lapis carchedonius*. Le cabinet national possède plusieurs pierres sur grenat syrien.

Pierres siliceuses. Crystal de Roche.

Le *crystal* est un quartz transparent qui crystallise en prisme, a six pans, avec deux pyramides à six faces. On le nomme *crystal de roche*, parce qu'il se trouve le plus communément dans les rochers. Les anciens croyoient que c'étoit l'effet de la congélation de la glace, et c'étoit ce qui lui avoit fait donner son nom de κρύος, glace. Le plus beau venoit de l'Inde. Les anciens avoient de beaux vases de crystal gravés : Néron en brisa un sur lequel on avoit représenté plusieurs sujets pris de l'Iliade.

La pierre que Pline nomme *Iris* ne peut être autre chose que le crystal irrisé, qui décompose les rayons du soleil comme le prisme, et présente les couleurs de l'arc-en-ciel. Les crystaux colorés prennent différens noms, ainsi que la pierre orientale, et ce n'est cependant, ainsi que la pierre orientale, qu'une substance de la même nature ; il n'y a de différence que dans la matière colorante.

Pierres siliceuses demi-transparentes.

La *prase* est une pierre verte qui a été prise pour l'émeraude, et qu'on appelle, pour cette raison, *fausse émeraude.* Le mot prase vient de la ressemblance de sa couleur avec celle du poreau, *prasius,* dont on en a fait l'adjectif *prasinus :* on a dit ensuite *gemma prasina,* et, par corruption, *prasma,* puis *plasma,* pour adoucir le son. De là les jouailliers ont dit *presme , prasme, plasme* d'émeraude ; et comme ils regardoient cette pierre comme la matrice des émeraudes, ils ont donné le même nom au crystal violet , qu'ils regardoient comme la matrice de l'améthyste.

L'*opale* réfléchit différentes couleurs selon la manière dont elle est exposée à la lumière. Les anciens l'appeloient *pæderota,* c'est-à-dire, *belle comme un jeune garçon.* Nonnius aima mieux perdre la vie au temps des proscriptions que de céder une opale à Marc-Antoine. Le Muséum des Antiques possède un portrait de Louis XIII sur une opale.

Le *girasol* est une espèce d'opale bien chatoyante, et dont le point milieu semble tournoyer devant le soleil, d'où lui vient son nom de *girare,* tourner, et *sol* soleil. C'est l'*asteria* et la *ceraunia* des anciens. Elle prend différens noms ; tantôt celui d'œil de chat, c'est le *leucophtalmos* de Pline ; l'œil de poisson est l'*argirodamas* de Pline ; sa *gallaïque* en est une variété ; l'*hydrophane* devient transparente dans l'eau, les anciens ont connu et travaillé cette pierre, mais non pas sous ce nom.

L'*agathe* a une pâte fine qui la distingue facilement. Les anciens graveurs l'ont souvent employée. On appelle orientale celle dont la transparence est plus parfaite. Les anciens la nommoient *achates*, d'un fleuve qui coule en Sicile, et où on en ramassoit ; mais ce n'étoit pas précisément notre agathe, à laquelle ils donnoient ce nom ; ils l'appliquoient à des pierres de différentes couleurs, et les nommoient *leucacathes*, *ceracathes*, *hœmachates*, selon les nuances de blanc, de cire ou de sang ; mais jamais ils ne font mention d'*achates* d'une seule couleur.

On appelle *herborisées* celles où on remarque des herborisations. Les anciens les nommoient *dendrachates*, et *figurées* celles qui présentoient des objets singuliers. La célèbre agathe de Pyrrhus qui représentoit naturellement, dit Pline, Apollon et les Muses, devoit être de ce genre.

L'agathe la plus transparente se nomme *agathe orientale*, *agathe :* si sa transparence est troublée par des teintes laiteuses, c'est la *chalcédoine*. Mais notre chalcédoine n'est pas la pierre que les anciens nommoient *carchédoine*, parce qu'elle venoit de Carthage ; celle-ci étoit une escarboucle. La *leucacathes* de Pline pouvoit être notre chalcédoine.

Cette pierre est assez commune ; on en fait des bijoux et des cachets.

Le *cacholong* diffère de l'agathe et de la chalcédoine en ce qu'il est tout-à-fait opaque , quoique de la même pâte. Les anciens ne l'ont pas distingué ; du moins nous ne pouvons découvrir le nom qu'ils lui donnoient ; mais ils l'ont fréquemment employée. Le Valentinien III du cabinet des antiques est de cacholong.

Quand l'agathe a une couleur brunâtre, enfumée et noire, on la nomme *sardonyx*. Cette pierre, selon les descriptions des anciens et des modernes , est composée de trois couleurs, une brune , une blanche et une noire ; le graveur attaque successivement deux de ces couches pour faire les figures et les draperies, et la troisième sert de fond au tableau. Ce mot sardonyx vient du mot *Sarda* , nom que les anciens donnoient à la cornaline, et *onyx* ongle, parce que les zones de cette pierre ressemblent au cercle de la base de l'ongle. Les anciens aimoient beaucoup la sardonyx ; ils en faisoient des bagues et des bijoux. Le citoyen Leblond pense que les vases murrhins étoient de sardonyx, taillés transversalement , et non sur le plat des couches. Le Muséum des antiques et le Garde-Meuble possèdent de beaux vases de cette espèce.

La *cornaline* est de la même pâte que l'agathe ; elle en diffère par sa teinte rouge ; les anciens la nommoient *sarda ;* son nom moderne vient de *caro,*

carnis ,

carnis., chair , parce que sa couleur approche de celle de la chair ; c'est la pierre que les anciens ont le plus travaillé , sur-tout en creux. On a une très-grande quantité de gravures sur cornaline.

Le *jade* a une teinte grisâtre et d'un blanc laiteux ; sa surface est graineuse ; il y en a d'olivâtre et de vert ; son nom vient du mot espagnol *piedra hijada*, pierre néphrétique , parce qu'on le croyoit utile dans les maux de la vessie. On en a trouvé des haches dans les tombeaux des anciens gaulois ; les orientaux en font des bijoux.

Pierres siliçeuses opaques.

Ces pierres sont de la même pâte que les précédentes , mais moins vitreuses. Dans les morceaux un peu étendus , on trouve des parties opaques et des parties transparentes.

La principale des pierres siliçeuses opaques est le *jaspe*, dont les particules sont fines , compactes et serrées. On distingue le jaspe par sa couleur ; mais cette distinction n'est admissible que pour les échantillons de cabinet , les petits morceaux. Il y en a de verd , de jaune , de brun , de noir , de gris. On nomme *fleuri* celui dont les couleurs sont très-mélangées , *rubané*, celui dont les teintes forment des rayes. Le jaspe n'a pas été travaillé par les grands artistes ; cependant il y a plusieurs gravures antiques sur jaspe et même sur le jaspe fleuri , quoique les figures s'y puissent difficilement distinguer. Le

B

jaspe rouge est celui que les anciens ont le plus fréquemment employé.

On appelle *jaspe sanguin*, le jaspe verd parsemé de taches rouges ; il a été sur-tout employé dans le moyen âge et depuis à faire des images du Christ après la flagel'ation, et des figures de la vierge et des saints. On nomme *héliotrope* celui dont les taches sont plus grandes.

Pétrifications.

Il ne reste plus à connoître que les pétrifications. La seule qui soit travaillée par les graveurs est la *turquoise* ; c'est une substance osseuse pénétrée par un oxyde de cuivre. Joannon de Saint-Laurent croit que c'est la *callais* des anciens ; plusieurs gravures égyptiennes sont sur turquoise.

Telles sont les substances employées par les anciens et les modernes ; les belles pierres orientales sont devenues plus rares ; il paroît que les anciens les tiroient d'Afrique.

Partie mécanique de la glyptique.

Les anciens ne nous ont point laissé de traités sur les procédés de la glyptique ; on trouve seulement quelques traits épars dans les ouvrages de Pline ; Mariete en a parlé avec détails dans son traité, et Natter a composé sur ce sujet un ouvrage particulier.

Comme c'étoit principalement pour faire des anneaux et des cachets qu'on gravoit les pierres précieuses, les graveurs se nommoient indistinctement *lithoglyphes*, graveurs en pierres, ou *dactylioglyphes*, graveurs d'anneaux.

Il paroît que par le mot *scalptores* les Romains désignoient les graveurs en pierres fines, et que le mot *cavatores* avoit la même acception. Parmi les modernes, les Allemands seuls désignent la profession du graveur par un nom univoque.

Les instrumens employés par les graveurs sont la pointe de diamant, dont les anciens connoissoient aussi l'usage, et qui entame toutes les pierres, tandis qu'il ne se laisse entamer par aucune ; une espèce d tour appelé *touret*, également connu des anciens ; la *bouterolle*, petit rond de cuivre ou de fer émoussé propre à user la pierre et à l'entamer, c'étoit le *ferrum retusum*; la *tarrière* est appelée par Pline *terebra*.

Les anciens et les modernes ont employé pour la gravure les mêmes procédés. On met, à l'aide du touret, la bouterolle ou la tarrière en mouvement; on use ainsi les pierres à l'aide de poudres et de liquides différens.

Les anciens employoient d'abord le *naxium*, espèce de poussière de grès du Levant. On lui préféra ensuite le schiste d'Arménie, et enfin l'émeril que l'on employe aujourd'hui, et que les anciens appeloient *smirris*. Il paroît qu'ils ne se servoient

point de la poudre de diamant, dont on fait aujour-
d'hui un grand usage.

On humecte ces poudres avec de l'huile ou de
l'eau.

La finesse des traits de certaines gravures a fait
présumer que les anciens avoient des verres gros-
sissans; mais ils n'avoient aucune connoissance de
la dioptrique, ils se contentoient de se récréer la vue
avec l'émeraude ou d'autres pierres vertes, mais
l'invention de la loupe a été très-utile aux graveurs
modernes.

Avant de graver les pierres, on les taille en rond
ou en ovale. La forme ovale est la plus ordinaire;
les anciens n'ont guères employé la forme carrée
ou le parallélipipède.

On polit la surface qui est bombée ou creuse.
Si elle est bombée, on appelle la pierre *cabo-
chon*. Les pierres concaves ont pour objet de ra-
courcir les figures avec plus de facilité. Les anciens
appeloient ceux qui donnoient aux pierres ces pré-
parations, *politores gemmarum*.

Pline prétend que les anciens savoient clarifier les
cornalines; c'est une erreur.

Les graveurs choisissoient souvent des pierres qui
par leur couleur avoient des rapports avec les sujets.
Ainsi ils gravoient Proserpine sur une pierre noire;
Neptune et les tritons sur l'aigue - marine;
Bacchus sur l'améthyste; Marsias écorché sur le jaspe
rouge, etc.

Les procédés sont les mêmes pour les gravures en creux et les gravures en relief. Les gravures en creux se nomment *intailles ;* les gravures en relief *camées ,* et ce nom a passé aux tableaux *monochromes* ou d'une seule couleur, à cause de leur ressemblance avec les pierres gravées en relief. C'est ordinairement la sardonyx qu'on employe pour faire des camées.

Après avoir fait une gravure, il faut lui donner le poli. Les anciens artistes prenoient ce soin eux-mêmes, ce qui fait que le poli le plus parfait est un des caractères des pierres antiques. Les modernes abandonnent souvent ce soin à d'autres mains. Ce poli se donne avec du tripoli et de petits instrumens de buis, ou avec une brosse mise en mouvement par le touret.

Les grecs nommoient l'art de monter les pierres précieuses Λιθοκολλησισ , Pline appelle metteurs en œuvre, *compositores gemmarum ,* ceux qui choisissoient et assembloient les pierres.

On appeloit *sigillarii , gemmario ,* les marchands de pierres précieuses et de cachets.

Les Grecs , au temps d'Euripide , nommoient les bagues σφενδονη fraude , à cause de leur ressemblance avec cet instrument.

Pâtes et empreintes.

Les anciens ne se contentoient pas de travailler les pierres précieuses ; ils savoient aussi les imiter.

Dès la plus haute antiquité les égyptiens faisoient des émaux et des verres colorés ; Sidon, ville de la Phénicie, étoit très-renommée pour ce genre de travail. On nommoit à Rome les pierres fausses *gemmæ vitriæ* ou *vitreæ*. Pline indique les caractères au moyen desquels on peut les distinguer des véritables.

Après avoir contrefait les gemmes simples, on a imité les gemmes gravées, et nous avons plusieurs compositions de ce genre ; c'est ce qu'on appelle *pâtes antiques.* Cet art a été restitué en Italie ; Homberg, par les ordres du régent, l'a beaucoup perfectionné, et il en a publié les procédés.

Cet art a depuis été porté très-loin par Clachant, Dehn, Reiffenstein, et en dernier lieu par Lippert et par Tassie.

On fait des empreintes en verre coloré, en cire d'Espagne, en soufre mêlé avec du vermillon, ou en plâtre.

Usage des Pierres gravées.

Les anciens se servoient des pierres gravées pour en faire des ornemens et des anneaux. L'antiquité nous en offre un grand nombre d'exemples. Avant l'usage des cachets on se servoit pour sceller de morceaux de bois vermoulus.

Si les anciens n'avoient pas des armoiries, ils avoient du moins des cachets de famille. Galba substitua à l'image d'Auguste son cachet de famille, qui étoit un chien.

Les anneaux étoient en usage à Rome, même au temps des rois. Les statues de plusieurs rois romains en avoient aux doigts ; mais cela ne prouve pas que la gravure en pierres fines fût alors en usage à Rome.

Utilité des Pierres gravées.

Les pierres gravées nous retracent une multitude de signes et de symboles intéressans pour l'histoire des mœurs et des usages de l'antiquité. On y voit les images des dieux et des héros ; les caractères alphabétiques les plus anciens ; des statues encore existantes, ou aujourd'hui perdues ; les noms d'un grand nombre d'artistes célèbres. Ce sont les monumens les plus utiles pour l'Histoire de l'art, dont elles nous servent à suivre les progrès chez les différens peuples. Elles nous servent aussi à reconnoitre les pierres dont on trouve les noms dans les ouvrages des anciens naturalistes.

Critique des Pierres gravées.

On appelle critique des pierres gravées l'art de former un jugement, soit sur leur beauté, soit sur leur antiquité.

Pour juger du mérite d'une pierre relativement à l'art, il faut avoir seulement le goût et le sentiment du beau et quelques connoissances du dessin.

La distinction des pierres antiques d'avec les pierres modernes est bien plus difficile; les plus fins connoisseurs y sont eux-mêmes trompés. On examine si les pierres étoient connues des anciens; si ils les travailloient; si les bons artstes en faisoient usage. Les autres caractères sont un travail bien fini, un fond parfaitement poli, le meplat que les modernes imitent si difficilement. Les pierres qui offrent une perspective ne peuvent.être antiques, et les camées sont, en général, plus suspectés que les intailles.

L'âge des pierres gravées qui offrent des têtes inconnues ou mythologiques ne peut être facilement déterminé: en général, les sujets mythologiques dont l'explication est difficile sont une indice d'antiquité. Les graveurs ne représentoient point de sujets pris de l'histoire de leur temps. L'idée que la cire s'attache moins facilement aux pierres antiques est fausse.

Je donnerai encore quelques autres caractères à l'article des pierres qui portent le nom du graveur.

Pour bien expliquer les pierres gravées il faut connoître la lithologie, afin d'en déterminer la nature; savoir, l'histoire de l'art, pour juger du style; la mythologie et l'histoire, pour découvrir le sujet, et avoir une connoissance des autres parties de l'antiquité. Il faut les considérer à-la-fois sous le rapport de l'art et sous celui de l'érudition.

Glyptique chez les Egyptiens.

Les Egyptiens ont la gloire de la plus haute antiquité dans l'art. Ils en ont porté très-loin la partie mécanique ; mais ils ont fait peu de progrès dans la partie poëtique : ils ne se sont point élevés jusqu'au bel art.

C'est cependant chez eux qu'on a trouvé l'origine de tous les arts. Ils employèrent d'abord la gravure pour leurs hiéroglyphes. Ils s'appliquèrent ensuite à graver les pierres dures, et ils inventèrent les premiers procédés de la glyptique.

Il y a plus d'intailles égyptiennes que de camées. La plupart des pierres égyptiennes ont la forme de cet insecte qui chez eux étoit sacré, du scarabée, et les figures sont gravées sur le plat. On a dans la suite fait sauter la partie convexe qui représentoit le scarabée : on n'a conservé que la partie plate taillée en ovale pour la monter en bague ou en cachet. Telle a été l'origine de la forme ovale des pierres gravées.

Les Egyptiens ont gravé sur toutes sortes de pierres ; ils ont beaucoup employé l'hématite et la turquoise.

Les figures sont ordinairement exécutées avec soin, mais d'un dessin sec et roide : on distingue le style égyptien du style égyptien-grec au temps d'Hadrien, quand des sujets égyptiens ont été exécutés par des artistes grecs.

Les pierres égyptiènes ne sont pas très-communes : le cardinal Borgia en possède un assez grand nombre. J'ai publié la notice de celles de la collection nationale (1). Natter et Winckelman , dans sa description du cabinet de Stosch , ont décrit les plus belles pierres égyptiennes connues.

Glyptique en Afrique et en Asie.

Les anciens habitans de l'Afrique ont aussi cultivé la glyptique : ils en devoient la connoissance aux Egyptiens. Les Ethiopiens , selon Hérodote , gravoient des cachets : les pierres du rational du grand-prêtre portoient les noms des tribus.

L'usage des anneaux étoit commun en Perse ; Assuérus présenta son anneau à Esther : Alexandre signa ses premiers actes en Perse avec le cachet de Darius.

Nous avons, dans la collection nationale, des pierres persépolitaines, décrites la plupart par Caylus : ce sont des cylindres de turquoise, de jaspe ou d'hématite percés dans leur longueur pour être portés en amulette.

Les figures sont longues, maigres, et ont un costume particulier.

Nous avons aussi des pierres des rois Parthes et Sassanides , avec des inscriptions que M. Sylvestre-de-Sacy a dernièrement expliquées.

---

(1) Magasin encyclopédique , Tome IV, p. 123.

Glyptique chez les Etrusques.

Les Etrusques paroissent avoir reçu des Egyptiens les procédés de la glyptique ; mais ils la pratiquoient antérieurement aux Grecs : ils avoient, comme les Egyptiens , des pierres taillées en scarabées ou taill'es de scarabées.

Quoiqu'ils aient reçu les procédés des Egyptiens , ils ont suivi leur propre génie, et leurs pierres portent un caractère particulier , tant pour l'art que pour les sujets qui y sont représentés.

Beaucoup de pierres regardées comme étrusques , sont du premier travail grec , il y en a peu en relief ; les sujets sont pris ordinairement dans le système religieux des Grecs.

Caylus, Winckelman, et en dernier lieu M. Landi, ont publié plusieurs pierres étrusques ; les plus célèbres sont les chefs devant Thèbes, Pelée , Tydée , Thésée , Hélène , Hercule enlevant le trépied , etc.

La détermination du style étrusque n'est pas très-certaine ; on assigne pour caractère le grainetis qui entoure les gravures , la ro'deur et le dessin forcé des figures , la forme des lettres , l'orthographe et les divinités ailés que les Grecs représentent sans ailes.

Généralités sur l'art et sur le beau idéal.

Avant de parler de la glyptique chez les Grecs , quelques considérations préliminaires sur l'art en général ne seront pas inutiles.

L'art est la manière de représenter les objets physiques eux-mêmes, ou de les offrir par des symboles.

Ainsi les artistes représentent, ou des images prises
dans le monde visible, ou des images emblématiques
qui rappellent des idées abstraites, c'est l'origine de
l'allégorie.

Le but réel de l'art est la perfection et la beauté ;
on est arrivé à la perfection par l'amélioration de la
partie mécanique pour l'exécution de la partie
poëtique.

Les premiers ouvrages n'étoient que des ouvrages
de l'art, la perfection dans la partie poëtique en a
fait des ouvrages du bel art.

L'Archæologie n'a long-temps été appliquée qu'à
décrire les monumens pour commenter les auteurs et
expliquer les usages.

Elle doit être employée encore à un but plus utile,
à nous donner l'histoire du bel art et à nous en
reveler les secrets par la comparaison des idées des
anciens avec celles des modernes.

L'art n'est donc qu'une imitation de la nature dans
ce qu'elle a de grand et de beau.

Les Egyptiens ont, comme nous l'avons vu, été
très-loin dans la partie mécanique de l'art.

Les étrusques ne sont arrivés au bel art que par
leur communication avec les Grecs.

Les Grecs se sont pour ainsi dire élancés vers le
bel art, parce qu'ils ne se sont pas bornés à une

simple représentation de chaque objet, mais à former un tout des parties les plus belles de chaque objet, pour produire le dernier degré du beau, sans cependant rien produire qui n'eût été donné par la nature.

Le mérite des ouvrages qui ne représentent qu'une nature commune et ordinaire ne peut exister que dans une parfaite ressemblance.

Mais les images des Dieux, des grands hommes mêmes, obligent les artistes à s'affranchir d'une imitation servile.

Cette combinaison de toutes les belles formes pour en composer une seule qui n'existe pas, mais dont toutes les parties existent, est ce qu'on appelle le *beau idéal.*

Il consiste dans la perfection des formes;

Dans l'harmonie qui naît des proportions des parties;

Dans une expression sentimentale, qui remplit les créations de l'art d'attraits et de charmes, et qui se peint dans les traits du visage, dans l'attitude du corps.

Toutes ces perfections se trouvent dans la figure humaine.

De là, les artistes ont donné aux Dieux la figure humaine, mais en réunissant ce que chaque partie du corps humain pouvoit offrir de plus beau.

Les formes des Dieux et des héros étoient donc idéales; ils accompagnoient leurs figures de symboles qui servoient à les distinguer, ce qui étoit d'autant plus nécessaires que leurs figures étoient nues.

Dans les portraits mêmes ils réunissoient toujours l'art à la vérité, de manière à embellir la nature, sans faire perdre les ressemblances.

Les objets hideux ne leur paroissoient point du ressort du bel art ; ils croyoient que l'art ne devoit pas être dégradé par de semblables représentations.

Dans l'imitation des passions , ils ne choisissoient que celles qui s'annoncent au-dehors par des mouvemens doux et légers ; ils ont rejeté les mouvemens convulsifs, qui rompent l'équilibre nécessaire aux différentes parties du corps.

La beauté ne peut guère être jugée que par le sentiment.

On distingue le beau moral et le beau physique, celui-là seul appartient à l'art.

La beauté idéale est donc celle qui est dépouillée de toutes les imperfections qui tiennent aux individus.

On appelle cette recherche et cette imitation du beau , l'ART, quels que soient les procédés qu'on employe, c'est principalement l'objet de la peinture , de la gravure et de la sculpture ; enfin , de tous les arts qui naissent du dessin.

On peut voir dans mon introduction à l'Archæologie , page 29 , un court apperçu de l'histoire de l'art chez les Grecs.

Glyptique chez les Grecs.

Les Grecs ont reçu des Egyptiens les procédés de la Glyptique.

Il n'est pas aisé de déterminer la première époque de la gravure en pierres fines chez les Grecs.

Pline pense que les anneaux n'étoient pas connus au temps de la guerre de Troie ; Plutarque avance le contraire, Polygnote avoit représenté Ulysse avec un anneau.

Théodore de Samos est le premier graveur dont le nom soit cité ; il avoit gravé en 740, avant l'ère chrétienne, cette fameuse émeraude que Polycrate jeta dans la mer (1).

Les Cyrénéens aimoient tellement les anneaux, que le plus économe en portoit un de 10 mines.

Le joueur de flûte Ismenias, qui vivoit vers la quatre-vingt-quinzième Olympiade, acheta une smaragde, sur laquelle on avoit représenté la nymphe Amymone ; les pierres gravées étoient un objet essentiel du luxe des joueurs de flûte.

¡ On regarde comme une des plus anciennes pierres gravées celle qui représente Othryades mourant, et qui est gravée dans l'ouvrage de Natter.

---

(1) Dissertation sur l'anneau de Polycrates et sur la première époque de la gravure en pierres fines, par A. L. Milin. Magasin encyclopédique, première année, Tome V, p. 123.

Parmi les pierres gravées, on distingue sur-tout celles qui portent les noms des anciens graveurs, parce que, outre leur mérite réel, elles ont une grande utilité pour l'histoire de l'art ; mais aussi la supposition des noms de graveurs est devenue un grand objet de spéculation parmi les brocanteurs et les faussaires.

Cet usage d'écrire son nom sur ses ouvrages est commun aux divers artistes grecs.

Pour distinguer si les noms sur les pierres gravées ne sont pas supposés, on examine la forme des lettres, l'orthographe, les points ronds qui les terminent, si la pierre est d'une nature assez belle pour avoir été travaillée par un grand artiste : en général, les pierres étrusques portent les noms des personnages qu'elles représentent ; les pierres grecques, celui de leur auteur ; les pierres romaines, celui du propriétaire.

Parmi les modernes, ceux qui ont le mieux réussi à imiter les noms des graveurs anciens sont Flavien, Sirlet, Laurent Natter et Antoine-Jean Pickler.

M. Stosch et M. Bracci ont publié les pierres qui portent le nom des graveurs.

Je vais en donner la liste, en les rangeant à-peu-près par époque, autant que la considération du sujet et du style de l'ouvrage, et d'autres circonstances, peuvent le permettre.

Graveurs

Graveurs des premiers temps.

Admon, auteur d'un bel Hercule buveur. *Bracci*, pl. I. Il est plein de force, mais un peu trop ra-massé.

Mnesarque, père de Pythagore. Il ne nous reste pas de ses ouvrages.

Heius. L'orthographe de son nom et sa manière le font regarder comme un très-ancien artiste. Nous avons de lui une Diane chasseresse vétue d'une longue robe. Stosch, 51.

Graveurs antérieurs au siècle d'Alexandre.

Agathemeros. Stosch et Bracci le croyent con-temporain de Polyclète. Il est auteur d'une belle tête de Socrate. Bracci, pl. VI.

Philemon. Thésée domptant le Minotaure, belle cornaline du cabinet de Vienne. Bracci, pl. XCIV.

Phrygillus. L'Amour sortant de l'œuf. Raspe, cat. de Tassie, pl. XLII, n°. 6,601.

Thamyris. Stosch le croit contemporain de Dios-corides, et peut-être son disciple. Un Sphynx qui se gratte. Bracci, pl. CXIII.

Ætion. Nom fort ancien dans la Grèce, et que plusieurs artistes ont porté. Une belle tête d'Ilion ou de Priam. Stosch, pl. III.

C

Graveurs depuis le siècle d'Alexandre jusqu'au temps où la Grèce fut soumise aux Romains.

Alexandre. Cupidon et les Nymphes domptant un lion. Stosch, n⁰. 6, beau camée. Plusieurs pierres qui portent le nom d'Alexandre, ou qu'on a prises pour des images de ce prince, sont l'ouvrage d'*Alessandro Cæsari*, surnommé *Il Græco*.

Apollonides. Il est mis par Pline au rang des grands artistes. Il ne nous reste de lui qu'un fragment d'une sardoine onyx représentant un bœuf couché. Stosch, II.

Mith, peut-être *Mithridate.* Tête d'un cheval jusqu'au poitrail. Bracci, pl. LXXXIV.

Pamphile. Achille Cytharède, cornaline du Cabinet national. Mariete, pl. XCII. Il a répété le même sujet, Bracci, pl. XCI.

Pharnace. Un Cheval marin. Stosch, n⁰. 5o.

Polyclète de Sycione, disciple d'Agelade, un des plus grands statuaires grecs vers la quatre-ving-septième olympiade, a porté l'art à son plus haut degré de perfection. Il avoit fait une statue que les maîtres nommoient la règle ou le modèle. Nous avons sous son nom un Diomède enlevant le palladium, Stosch, pl. LIV. Si il est de lui, c'est le premier graveur qui ait traité ce sujet.

Pyrgotèles. Appelles pouvoit seul peindre Alexandre, Lysippe seul le figurer en bronze, et Pyrgotèles seul graver son portrait. Nous avons encore sous le nom de Pyrgotèles une tête d'Alexandre-le-Grand, Stosch, 55, et une de Phocion, 56; mais ces noms paroissent supposés. Le nom de Phocion semble même celui du graveur d'une tête qui a été prise pour celle de cet athénien ; et par la suite on y a ajouté celui d'un maître encore plus célèbre, de Pyrgotèles.

Thryphon, auteur de ce beau camée du duc de Malborough, représentant les noces de l'Amour et de Psyché. Stosch, 94.

Graveurs du siècle d'Auguste.

Quintus-Alexa. Deux jambes seules nous sont restées d'une figure, au bas de laquelle on lit ce nom. Vettori et Bracci, pag. 41, ont publié cette pierre en restituant le corps. Un proverbe dit *ex pede Herculem*. Ces auteurs ont fait à-peu-près la même chose. Les *knemides*, espèce de bottines qui accompagnent ces jambes, leur ont fait conjecturer que c'étoit un Achille ; mais, selon Winckelman, ces deux jambes sont d'un travail médiocre.

Agathangelus. Tête de Sextus-Pompée. Bracci, tome 1, page 24.

Agathopus. Tête d'un vieillard romain inconnu. Stosch, n°. 5.

Allion. Une Muse debout. Stosch, 7 ; une tête

d'Apollon, 8. Son nom est écrit, tantôt au nominatif, tantôt au génitif. Mariete lui attribue le cachet de Michel-Ange.

Amphoterus. C'est ainsi qu'on remplit le nom *Ampho ,* sous une tête qui paroît être celle de *Rhœmetalces ,* roi de Thrace. Bracci, tome I, page 92.

Apollonius. Diane des montagnes, un flambeau à la main. Stosch , n°. 12.

Aspasius. Tête de Minerve. Stosch , 13. La conformité du nom du graveur avec celui d'Aspasie avoit fait dire que cette tête étoit celle de cette célèbre courtisanne. On lit aussi le nom d'Aspasius sur un beau fragment d'une tête de Jupiter. Stosch , 14.

Athenion. Jupiter foudroyant les Titans, beau camée. Bracci. pl. XXX.

Ammonius. Un Faune. Raspe , pl. XXXIX, n°. 4,510.

Aulus. Stosch a publié cinq pierres avec le nom d'Aulus ; Bracci en donne douze. Il y en a encore un bien plus grand nombre, parce que le nom d'Aulus est un de ceux dont les faussaires ont le plus abusé.

Raspe pense qu'il y a eu deux Aulus. Braccci va encore plus loin, il en reconnoît six. J'avoue que cette distinction me paroît un peu subtile. Les pierres qui sont regardées comme authentiques parmi celles qui portent le nom d'Aulus, sont : un cavalier grec courant, Stosch, pl. 15 ; un Quadrige, 16 ; une tête de Diane, 17 ; une tête d'Æsculape, 18 ; une tête que Stosch, 19, dit être celle de Ptolemée-Philopator , et Bracci celle d'Abdolonyme, pl. XL. Il vaut mieux n'y voir qu'une tête inconnue : elle est au Muséum national. Ces cinq pierres ont été figurées par Stosch. Les sept ajoutées par Bracci sont : Venus jouant avec l'Amour , et portant une baguette en équilibre sur son doigt, Bracci, tome 1, pag. 173 ; l'Amour attaché à un trophée, idem , pl. XXXII ; un Amour ailé et lié bêchant la terre, pl. XXXV ; le buste d'un Cheval qui se cabre , Bracci, XXXIX.

Cœmus. Adonis nud. Stosch , 2. Un Faune cé-lébrant les Bacchanales. Bracci, pl. LIV.

Chronius. Une Muse debout. Bracci, pl. LVI.

Dioscorides. Apollonius, Chronius et Dioscorides sont, après Pyrgotèles , les trois célèbres graveurs cités par Pline. Dioscorides étoit sous Auguste ce que Pyrgotèles étoit sous Alexandre. Il nous reste de lui plusieurs ouvrages sublimes. Stosch en a gravé sept. Deux bustes d'Auguste, n°s. 25 et 26 ; tête inconnue que Baudelot a dit être celle de Mécène, que Stosch croit être celle de Cicéron : elle appartient au Muséum national, Stosch 26. Mercure voyageur avec le Petase, le Caducée et la Penule, Stosch , 28 ; Diomèdes enlevant le *Palladium* , idem , 29 ; Persée regardant la tête de Méduse, Stosch , 30. Bracci en a ajouté d'autres: Une tête de Femme. Quelques antiquaires y voyent Cléo-

pâtre. Bracci, pl. LXIII. Mercure Criophore , c'est-
à-dire, offrant un bélier, ouvrage sublime , Bracci ,
pl. LXIV. Le nom de Dioscorides doit s'écrire
Dioscourides ; il signifie fils de Jupiter. Castor et
Pollux étoient appelés, pour cette raison, les *Dios-*
coures. Mais les faussaires ignorans, trompés par
la prononciation , ont écrit *Dioscorides* ; et cette
faute seule suffit pour faire rejeter une pierre portant un pareil nom de la liste des véritables ouvrages de *Dioscourides.* Ses ouvrages ont été copiés
par Natter, Pickler , Sirletti et d'autres artistes célèbres.

Epitynchanus. Tête d'un jeune Romain. Stosch ,
pag. 42.

Eutyches , fils ou élève de Dioscorides , et peut-
être l'un et l'autre. Une Minerve. Stosch , n°, 84.

Hyllus. Auteur d'un beau Taureau Dionysiaque
qui est au Muséum national. Mariete, pl. XLII.
Hercule jeune. Bracci, pl. LXXVIII. Une tête de
Femme avec un diadème ; ceux qui prétendent tout
deviner la nomment aussi Cléopâtre. Stoseh , 39.
Une tête de Vieillard avec un diadème et une longue
barbe. Stosch , XXXVIII.

Onesas. Une Léda , une Muse. Stosch, pl. XLV.
Hercule couronné d'olivier. Stosch , 46.

Solon. C'est celui qui a mis son nom à une tête
qu'on dit être celle de Mécène ou de Cicéron. Stosch,
62 ; on la regardoit , à cause de l'identité des noms,
comme celle du législateur athénien ; ce fut Baudelot

qui découvrit l'erreur. *Solon* est aussi l'auteur d'une belle tête de Méduse. Stosch , 63.

Graveurs du temps de Caligula.

Alphée et *Aréthon.* On a plusieurs exemples de groupes et de statues travaillées par deux maîtres , celui-ci est le seul d'une pierre travaillée par deux graveurs. L'ouvrage qu'ils ont fait en commun est un camée représentant Germanicus et Agrippine ; Montfaucon , trompé par la conformité des noms , croyoit que c'étoit Alphée et Aréthuse sous les traits de Germanicus et d'Agrippine. Bracci, pl. XV. Alphée et Aréthon ont encore gravé en commun l'image du fils de Germanicus , du jeune Caligula. Bracci , pl. XVI.

Alphée n'a pas toujours travaillé en commun avec Aréthon ; nous avons de lui un chef-d'œuvre de l'art , qui atteste son talent ; c'est le triomphe d'un roi barbare , traîné dans un bige et couronné par la victoire. Bracci , pl. XVIII. On cite encore différentes pierres avec le nom d'*Alphée* ; mais leur authenticité n'est pas bien démontrée. *Aréthon* n'a laissé aucun ouvrage qu'il ait exécuté seul.

Graveurs du temps de Titus.

Evodus. Il y a eu plusieurs artistes de ce nom ; celui-ci a gravé sur une aigue-marine le portrait de Julie , fille de Titus et de Marcia , célèbre par

ses amours avec son oncle Domitien , la grandeur
et la beauté de la pierre , le fini de l'exécution , la
ressemblance des traits , la singularité du costume ,
tout rend cette pierre remarquable ; elle est au
Muséum national.

Nicandre. Auteur d'un autre portrait de Julie.
Bracci , pl. LXXXVI.

Graveurs du temps d'Hadrien.

Antiochus. Une minerve guerrière. Bracci, pl.
XXI. Sabine , épouse d'Hadrien ; ses cheveux sont
tournés en spirale vers le sommet de la tête, qui
est ceinte d'un diadème. Bracci , pl. XXII.

Anteros. Hercule Buphage , ou mange - bœuf,
selon les auteurs. Stosch, 10. Je crois plutôt que c'est
un esclave qui porte un grand veau pour un sacri-
fice. La représentation d'une noce sur une terre
cuite antique que j'ai vue chez M. Dufourny , artiste instruit dans l'antiquité , et où j'ai observé la
même figure , me le fait penser. Antinoüs. Bracci ,
pl. XX.

Hellen. Antinoüs sous les traits d'Harpocrates·
Stosch , 37.

Graveurs du temps de Marc-Aurèle.

Æpolien. Portrait de Marc-Aurèle , très-ressem
blant , Stosch. , 2.

On pense que c'est là le dernier graveur qui ait mis son nom à ses ouvrages ; cependant on conjecture, par la médiocrité du travail, que ceux que je vais citer dans le paragraphe suivant ont vécu au temps de Septime-Sévère.

Graveurs du temps de Septime-Sévère.

Gauranus Anicetus. Combat d'un dogue contre un sanglier. Bracci, pl. XVIII.

Apsalus. Masque scénique. Bracci, pl. XXVI.

Callimorphus. Une muse avec un masque. Raspe, cat. nº. 3526.

Carpus. Bacchus et Ariane. Stosch, 22. Hercule et Jole. Raspe, nº. 6019.

Euplus. Un Amour porté sur un dauphin, qu'il conduit avec un frein. Le mot *Euplus* ne signifie peut-être au lieu du nom du graveur que *heureuse navigation.*

Euthus. Un Silène assis au milieu de petits amours qui jouent de la lyre et de la double flûte. Bracci, pl. LXXI.

Graveurs dont l'époque est absolument incertaine.

Apollodote. Une Minerve. Bracci, pl. XXIII. C'est le seul graveur qui ait joint à son nom le titre de sa profession. On avoit d'abord interprété ce nom en le décomposant ; *pierre donnée à Apollon* , mais on a reconnu depuis que c'est le nom du graveur. On attribue encore à *Apollodote* un Othryades mourant. Bracci , pl. XXI.

Axeochus. Un Faune nud jouant de la lyre, près d'un enfant monté sur une base , et qui tient un thyrse entr'eux deux et un croissant. Raspe , pl. XL, n°. 5515.

Cæcas. Un Gladiatenr rudiaire , c'est-à-dire , réformé ; il considère attentivement son épée , ancien instrument de ses exploits. Stosch , pl. XXI.

Demetrius. Hercule étouffant Antée. Raspe , n°. 5820.

Diphylus. Un Vase avec deux masques au-dessus de l'anse ; on trouve ici une particularité , c'est un nom grec écrit en caractères latins , tandis que les noms des artistes romains sont le plus souvent écrit en caractères grecs.

Lucius. Une victoire dans un bige. Stosch , 41.

Myrton. Une Léda. Stosch , pl. XLIII.

Niconas. Un Faune assis sur une peau de tigre. Stosch. 44.

Pergame. Une jeune Bacchant. Stosch , 49.

Plotarque. L'amour porté sur un lion , et jouant de la lyre. Stosch , pl. LIV.

Scylax. Une Tête d'Aigle. Stosch , 59. Un Hercule Musagète , c'est-à-dire , conduisant les muses. Bracci , 102.

Seleucus. Une tête de Silène. Stosch, 84.

Sosocles. Une belle Méduse. Stosch, 69.

Sostrate. Une Victoire sur un bige. Raspe, n°. 7774. Un Cupidon qui dompte deux lionnes attachées à un char. Stosch, 82.

Sotrate. Méléagre présentant à Atalante la tête du sanglier de Calydon. Bracci, pl. CXI.

Teucor. Iole et Hercule. Stosch, pl. LXVIII.

J'aurois pû grossir beaucoup cette dernière liste ; je n'ai cité que les artistes les plus importans, et dont les noms paroissent les plus authentiques.

Du style des Grecs.

Nous venons de voir la nomenclature des principaux graveurs grecs, dans le temps où ils ont cultivé cet art dans leur patrie, après leur transplantation à Rome.

Il ne faut pas croire que tous les ouvrages grecs soient parfaits ; quoique le talent fût commun en Grèce, il ne suffisoit pas d'être Grec pour avoir du talent, nous avons même plusieurs ouvrages grecs très-médiocres.

Chacun avoit d'ailleurs un talent particulier, celui-là rendoit mieux les draperies, cet autre le nud ; l'un excelloit par l'expression, l'autre par la grace ; mais les ouvrages des grands artistes grecs ont, quoique dans des genres différens, un caractère national,

qui se reconnoît en s'exerçant le jugement, et qui se
sent mieux qu'il ne se peut défi..r.

Souvent ils gravoient très-profondément, d'autres fois
ils donn..ient à leurs figures un très-léger relief, ce genre
est d'un extrême difficulté, et sa parfaite exécution
fait un des grands mérites de Dioscorides. En général
les G.ecs s'adonnoient plus à la gravure en creux qu'à
la gravure en relief; ils ignoroient la perspective; ils
y suppléoient cependant par le plus ou moins de
profondeur qu'ils donnoient aux différentes parties.

En général ils ne multiplioient pas les figures; ils
ne les accumuloient pas dans un petit espace.

Ils étoient habiles dans la représentation des
animaux.

Ils préféroient de représenter le nud; et les belles
gravures faites dans la Grèce sont rarement drapées;
mais les figures faites à Rome ont plus ordinairement de longues draperies. Il en faut excepter les
figures de Dioscorides, qui n'a suivi que le goût de
sa nation; toutes ses figures, à l'exception de son
Mercure sont nues.

Graveurs Romains.

Les pierres gravées par les Romains sont très-loin
en général d'avoir le mérite de celles des Grecs;
les règles du dessin n'y sont pas violées, mais il
n'est pas élégant; on n'y sent ni élévation, ni
génie.

Nous avons vu que le goût des pierres gravées passa à Rome avec celui des autres monumens de l'art. Il se soutint jusqu'à Septime-Sévère, et commença ensuite a décliner entièrement. On trouve assez de têtes d'Antonin Pie, de Marc-Aurèle, de Lucius Verus ; mais celles de Gordien, de Maximin, de Philippe sont très-rares. Lippert cite cependant une assez bonne tête de Valerius Probus, et une de Constantin le jeune.

Je classe parmi les artistes Romains, ou du moins étrangers à la Grèce, ceux dont le nom ne me paroît pas d'origine grecque : la liste n'en est pas considérable.

Ælius, une tête de Tibère. Bracci, pl. XI.

Balbius, une tête de Caligula. Busching, p. 46.

Aquilas, Vénus au bain, l'amour lui présente un miroir. Raspe, n°. 6225.

Caius, un dogue avec un collier garni de pointes. Natter, pl. XVI.

Cælicus, une reine, s'armant du *Parazonium*, on en a fait une Sémiramis. Raspe, n°. 12673.

Cinna, une tête casquée. Saggi di Cortona. IX, 150.

Cneius, baigneur tenant le strigile, Bracci, pl. LII ; l'enlèvement du Palladium, Bracci, pl. L ; Hercule jeune, Stosch, 23 ; un tête inconnue d'une grande beauté, dite de Cléopâtre, Bracci, 53 ; un athlète se frottant d'huile pour le combat, Natter, pl. XXV ; on lui attribue encore une Junon lanuvina d'une grande beauté , mais c'est un ouvrage du célèbre Pickler.

Domitius , un Jupiter , Busching , p. 49.

Felix , affranchi de Calpurnius-Sévère ; l'enlève-ment du Palladium , Stosch , 38.

Quintillus , un Neptune sur un aigue-marine , Bracci , pl. C.

Rufus , une figure de Ptolémee VIII , Raspe , 9823.

Glyptique dans le Bas-Empire.

Tous les arts ont décliné dans le Bas - Empire , celui de la gravure comme les autres. Les ouvrages que nous conservons à la bibliothèque nationale sont un Valentinien III , un Caracalla sur lequel on a écrit le nom *Petros* , Caracalla et Geta se donnant la main ; mais il n'y a point de morceau de ce temps d'un grand mérite.

Quoiqu'on ait avancé que l'auteur du portrait de Marc-Aurèle est le dernier qui ait mis son nom à ses ouvrages, d'après le travail , la forme des lettres , l'ortographe et la terminaison , ceux qui ont mis leur nom aux pierres suivantes ont dû vivre dans le Bas-Empire.

Chœremon , une tête de Faune. Winckelman, catalogue , n°. 238.

Phocas , un Pancratiaste ; avec un vaisseau dans l'éloignement. Raspe , n°. 8001.

Nicephore , un Mercure. Dans le cabinet du Land-
grave de Hesse-Cassel.

Zozimus, cité par Ursini.

Glyptique dans le moyen âge.

Dans le moyen âge tous les arts furent anéantis ;
cependant celui de graver les pierres fines s'est conservé plus long-temps ; on trouve sur-tout en Orient ,
à Constantinople des gravures même près du temps de
la plus grande barbarie ; on doit cet avantage à la
fabrication des monnoies, qui ne sauroit se passer de
graveurs pour la confection des coins.

Mais l'occident avoit vu disparoître de bonne
heure jusqu'aux moindres traces de cet art.

La religion chrétienne s'étant répandue en Europe, on
ne recherchoit plus les anciennes pierres gravées comme
offrant les objets du culte ; on ne les employoit que
pour cacheter ; Pepin scelloit avec un Bacchus Indien ;
bientôt on ne cacheta plus avec des pierres gravées ;
on n'en porta plus en bagues. Elles disparurent , elles
furent dispersées , ensevelies, ou ornoient les châsses
dans les églises , et c'est ainsi que des pierres antiques
très-précieuses nous ont été conservées

Les gravures de ce temps n'offrent guères que des
sujets pieux, des images de Jésus-Christ et de la Vierge,
ou simplement leurs monogrammes.

Des pierres gravées les plus célèbres.

Avant de venir à la glyptique chez les modernes, il est bon de dire un mot des pierres gravées les plus célèbres.

On peut distinguer ici les intailles et les camées.

Parmi les intailles, je citerai celles que j'ai déjà fait connoître avec le nom des graveurs, le Persée et le Mercure de Dioscorides, le Taureau d'Hyllus, etc., etc.

La plus célèbre après est *le Cachet de Michel-Ange ;* on appelle ainsi une cornaline du cabinet national, qui représente une vendange ; elle a déjà été le sujet de plusieurs dissertations. Elle est nommée le *Cachet de Michel-Ange,* parce qu'elle a appartenu à ce grand artiste ; elle a été gravée un grand nombre de fois ; il en existe beaucoup d'empreintes et de copies. Mautour y voit des sacrifices en mémoire de la naissance de Bacchus ; selon Tournemine, c'est Alexandre, sous la figure de Bacchus, et le tout a rapport à la conquête de l'Inde ; selon Baudelot, c'est la fête des Puanepsies, établie à Athènes par Thésée ; Mariete n'y voit qu'une vendange, mais le petit pêcheur de l'exergue indique le nom du graveur Allion ; selon M. Rossman, c'est l'éducation et la naissance d'Alexandre ; M. Thierrheim y voit là grande fête des Panathénées ; mais M. de Murr conteste l'antiquité de la pierre, et, selon lui, elle est de *Maria di Pescia,* célèbre graveur,

veur, ami de *Michel-Ange*, qui s'est désigné lui-même par le petit poisson ; elle est gravée dans Mariete, pl. XLV.

Parmi les pierres en relief, on remarque principalement la sardonyx de Tibère, qui étoit autrefois à la Sainte-Chapelle, à laquelle elle avoit été donnée par Charles V, ce qui l'a soustraite au pillage du trésor des rois, sous Charles VI. Elle a été apportée en France par Baudouin, comte de Flandres, c'est la plus grande sardonyx connue ; elle représente sur la ligne du haut l'apothéose d'Auguste, et tous les princes défunts de la maison de Tibère, mis au nombre des Dieux ; sur le rang du milieu, on voit Germanicus rendant compte à Tibère de son expédition en Germanie ; son épouse Agrippine et son fils Caligula sont près de lui ; plus bas, au rang inférieur, on voit les figures des nations vaincues. Tel est le précis des explications données par Tristan. Le roi, Albert Rubens, fils du grand peintre, Peiresc, Montfaucon, Mautour, etc., qui tous varient dans les détails.

On conserve dans le Muséum de Vienne une pierre également belle, quoique moins grande ; il n'y a que deux rangées de figures ; mais le travail en est plus fini, et elle n'est pas fragmentée ; elle étoit autrefois à l'Abbaye de Poissy, d'où elle a été emportée pendant les guerres civiles. Elle représente l'apothéose d'Auguste avec son épouse Livie sous la figure de Jupiter et de Rome, et accompagné de sa famille. Voyez Eckhel, pl. I.

D

On connoît encore un autre camée très-précieux, représentant Rome et Auguste. Eckhel, pl. II.

Claude et sa famille, *idem*, pag. 24.

Ptolémée et Arsinoë, *idem*, pag. 28. (1)

Outre ces grands camées qui ressemblent à des tableaux, on conserve encore dans des cabinets des coupes très-remarquables ; ces coupes de pierres précieuses étoient appelées *gemmæ potatoriæ.*

Ces coupes sont ordinairement de sardonyx ; les plus célèbres sont :

Le vase de Brunswick, de 6 pouces de hauteur ; il appartenoit à la famille Gonzaga, et fut volé dans le sac de Mantoue, en 1630, par un soldat, qui le vendit au duc de Brunswick pour 100 ducats ; c'est de là que lui sont venus les noms de *vase de Brunswick, vase de Mantoue.* Il représente l'histoire de Cérès cherchant Proserpine, et avec Triptolème. Eggeling en a publié la description.

Le Muséum national possède une superbe coupe qui a été donnée à Saint - Denis par Charles III ; elle représente les objets consacrés aux mystères de Cérès et de Bacchus ; elle a été décrite et figurée par Tristan, Felibien et Montfaucon.

Le roi de Naples a également une très-belle coupe, qui a été décrite par Maffei ; elle représente un prince Egyptien avec sa famille.

Renaissance de la Glyptique.

Tous les arts entraînés par la chûte de l'Empire

---

(1) Buonarotti en cite une de dix pouces de haut représentant le triomphe de Bacchus. *Medaglioni antichi.*

romain se relevèrent après la prise de Constantinople. L'art de la gravure dut sur-tout à cet évé-
nement sa restauration ; il s'est conservé dans l'O-
rient, et les graveurs grecs se réfugièrent en Italie.

Quoique la glyptique fût plus cultivée dans l'O-
rient, elle n'avoit pas cependant absolument été
anéantie en Occident ; mais le goût avoit totalement
disparu. On a des gravures faites en Occident dans
le quinzième siècle ; mais cet art a été restauré quand
les Médicis encouragèrent les artistes venus de l'O-
rient et ceux nés dans l'Italie.

Le goût qu'ils témoignèrent pour les pierres gravées devint dominant parmi les gens riches ; toutes
les parures, tous les vases en étoient enrichis ;
comme le relief ajoute à cette espèce d'ornement,
on fit alors plus de camées que d'intailles.

Pour connoître l'histoire des graveurs modernes
on peut lire Vasari, Mariete et Giulianelli.

Graveurs italiens du quinzième siècle.

Un des premiers graveurs du quinzième siècle,
parmi ceux qu'on peut regarder comme les restau-
rateurs de l'art, se nommoit *Jean*, et la réputation
qu'il s'éto't faite pour les intailles le fit surnommer
Jean-des-Cornalines. Il a gravé le portrait de
Savonarole.

Dominique fut appelé *Dominique-des-Camées*,
parce qu'il excelloit dans les gravures en relief. Il
a gravé le portrait de *Ludovic-Sforce.*

Michelino , Mateo de Benedetti , Marco Attio Moretti, Francesco Francia. Léonardo de Milan et *Sévère* de Ravennes s'acquirent aussi beaucoup de réputation.

Tagliacarné se nommoit probablement ainsi à cause de son habilité à graver les cornalines.

Foppa, orfévre de Milan, surnommé *Caradosso*, parce qu'il étoit bossu.

Graveurs italiens du seizième siècle.

La liste des graveurs italiens du seizième siècle est beaucoup plus nombreuse ; c'est l'époque la plus florissante de cet art chez les modernes, et ce siècle a produit des artistes dignes des maîtres anciens qu'ils prenoient pour modèles. Les principaux sont :

Pierre-Marie di Pescia, en Toscane, admirateur passionné des anciens , et leur fidèle imitateur. M. de Murr lui attribue la gravure du célèbre cachet de Michel-Ange.

Jean Bernardi et *Castel-Bolognèse.* Ce dernier abeaucoup gravé de vases de crystal et des pierres pour le cardinal Farnèse. Il est mort en 1557.

Mathieu del Nassaro, né à Véronne, suivit François premier en France, et y répandit le goût de la gravure. Le Garde - Meuble et le Muséum des antiques possèdent plusieurs de ses ouvrages. Il y en a un qui représente une bataille, et sur une en-

seigne on lit : O. P. N. S. *opus Nassarii scalptoris.*
Il mourut en 1547.

Jean-Jacques Caraglio , de Véronne, graveur
d'estampes, de pierres fines et de médailles.

Valerio Vicentino , que d'autres nomment *Va-
erio Belli.* Mariete a publié son portrait dans son
traité, page 46. C'est un des plus laborieux et des
plus grands artistes de ce genre. Il a gravé beaucoup de sujets tirés de l'Histoire romaine. Il mourut
en 1546.

Alessandro Cæsari , surnommé *il Græco ,* à
cause de son application à imiter le style des grands
maîtres grecs. Il a gravé un beau portrait de
Henri **II**, roi de France.

Jacques de Trezzo , à qui on attribue la première gravure en diamant. J'ai déja cité son portrait de Philippe **II** et de dom Carlos sur une topaze. Mort en 1587.

Clément de Birague. On lui attribue aussi la
gravure sur diamant.

Annibal Fontana , auteur de plusieurs ouvrages
sur crystal.

Philippe Santa-Croce , dit *Pippo ,* simple berger,
qui gravoit sur des noyaux de prune et de cerise
des reliefs très-délicats. Philippe Doria le rencontra
dans le duché d'Urbin ; il le fit instruire et l'établit
à Gênes.

Antoine Dordoni , mort à Rome en 1584.

D 3

Flaminius-Natalis, 1596.

Graveurs italiens dans le dix-septième siècle.

L'art de la gravure, qui avoit été si florissant dans le seizième siècle, déchut beaucoup dans le dix-septième. Il fut même si peu cultivé, que plusieurs procédés, plusieurs pratiques de l'art se perdirent, et il fallut que les célèbres artistes du dix-huitième en inventassent de nouveaux.

Le plus célèbre est *An'ré*, surnommé le *Borgognone*. Il travailloit vers 1670.

Les autres sont *Pierre Mochi*, *Adoni*, *Taddeo*, *Castrucci*, et quelques autres.

On doit principalement la conservation de l'art dans ce siècle à Ferdinand II, qui continua les traitemens faits aux artistes qui travailloient dans la Galerie de Florence, et leur en assigna même de nouveaux.

Graveurs italiens au dix-huitième siècle.

Ce siècle a vu paroître des artistes dignes de placer leurs noms à côté de ceux de Pyrgotèles, Solon, Aulus et Dioscorides. La plupart ont travaillé à Florence.

Flaviano-Sirleti, mort en 1737, a copié plusieurs ouvrages grecs; il excelloit à imiter les lettres antiques. Ses ouvrages sont signés, Φ. Τ. Ε. ΦΛΑΒΙΟΥ ΤΟΥ ΣΙΡΛΕΤΟΥ.

Jean Costanzi, et *Charles* son fils.

Dominique Landi.

François Ghinghi.

Jérôme Rossi.

Etienne Passalia.

François Borghighiani.

Félix Benabé. Il signe souvent Φ. B. E.

Les Torriccelli.

Lorenzo Masini.

Marchand.

Graveurs allemands.

Les Allemands ont obtenu, après les Italiens, le premier rang dans la gravure en pierre fines.

Le p'us ancien artiste connu est *Daniel Engelhard* de Nuremberg, mort en 1552. Il ne gravoit que des armoiries pour des cachets.

Lucas Kilian a été surnommé le *Pygortèles* allemand. On ne connoît cependant de lui que des cachets sur pierres dures.

Jean Pickler, un des plus grands artistes modernes (1). Il devroit être placé parmi les artistes italiens, parce que c'est en Italie qu'il a pris le goût et les leçons de son art.

---

(1) On va publier, à l'imprimerie du Magasin encyclopédique, une notice sur Pickler, avec beaucoup de détails curieux pour l'Histoire des Arts en général et de la gravure en particulier.

George Hoefler, mort en 1630.

Evrard Dorsch, mort en 1712.

Christophe Dorsch, mort en 1732, artiste très-laborieux.

Philippe-Christophe Becker, mort en 1743.

Marc Tuscher, célèbre graveur d'estampes ; mais il n'a pas été loin dans la gravure en pierres fines.

Antoine Pickler, né en Brixen dans le Tirol, père du célèbre Jean Pickler.

Laurent Natter, un des plus célèbres praticiens et des plus grands théoriciens ; il a fait un grand nombre d'ouvrages admirables, et il est l'auteur de l'excellent ouvrage intitulé : *Traité de la Méthode antique de graver en pierres fines.* **Mort** en 1763.

Graveurs Anglais.

Les bons graveurs anglais n'ont pas été très-nombreux ; on cite principalement :

Thomas Simon, qui a gravé le portrait de Cromwell.

Charles-Christian Reisen, auteur d'un portrait de Charles II ; il est mort en 1725.

Brown ; il a gravé beaucoup de Cupidons.

Graveurs Français.

Nous avons vu la gravure rétablie en Italie dans le quinzième siècle, y fleurir dans le seizième, décliner dans le dix - septième, refleurir dans le dix - huitième ; nous avons considéré ses commencemens en Allemagne et en Angleterre dans le dix-septième siècle.

Ce fut *Matteo del Nassaro* qui en apporta le goût en France, quand il y vint à la suite de François I.

Le premier graveur français qui se soit illustré dans la glyptique a été *Coldoré*, qui a vécu dans le seizième siècle jusques à Louis XIII ; il a gravé plusieurs portraits qui existent dans la collection nationale ; Mariete pense que c'est le même qui a été connu depuis sous le nom de *Julien de Fontenay.*

Maurice Milanois, qui gravoit à Rouen, mort en 1732, à 80 ans.

François-Julien Barrier, mort en 1746.

Louis Siriès, qui travailloit dans la galerie de Florence ; son mérite consistoit à renfermer le plus grand nombre de figures dans le plus petit espace. Giulianelli en fait un grand éloge ; ses gravures n'étoient, selon Natter, que des égratignures. Siriès ayant travaillé en Italie devroit plutôt être placé parmi les artistes de ce pays.

Jacques Guay, le dernier artistes français qui ait pratiqué la gravure en pierres fines avec succès ; le

Muséum des antiques possède une suite d'ouvrages qu'il avoit faits pour Louis XV; il existe encore, mais il ne travaille plus depuis long-temps.

Etat actuel de la Glyptique.

Cet art est absolument éteint en France; les Allemands le cultivent encore ; ils font sur-tout des armories sur des p erres dures. L'Angleterre possède quelques artistes qui ont du mérite en ce genre; mais c'est toujours en Italie que l'art de la Glyptique est le plus et le mieux cultivé.

Collections de Pierres gravées.

Les collections de curiosité en général se nomment *Musées*, et ceux qui en donnent les descriptions *Muséographes.*

On appelle *Dactyliothèques* les collections de pierres gravées.

On fait remonter jusques à Scaurus et à Pompée les premières collections de pierres précieuses à Rome, mais rien n'indique, ainsi que je l'ai dit, que ce fussent des pierres gravées.

Les pierres gravées sont les monumens les plus nombreux après les médailles. Leur petitesse les dérobe à la cupidité, leur dureté les fait résister au choc, et elles sont indestructibles par le feu.

Elles s'y altèrent cependant, ainsi que l'attestent celles trouvées dans les tombeaux près des morts ; car on leur ôtoit leur anneau du doigt pour empêcher les *pollinctores* de s'en emparer.

Les pierres gravées se trouvent dans les trésors des églises, sur les châsses, sur les habits sacerdotaux, sur les vêtemens des empereurs d'Orient, autour des vases de crystal montés dans le seizième siècle ; on en rencontre aussi sur les côtes de l'Italie, dans les ma sons de campagne des anciens, où ils entretenoient des affranchis uniquement occupés du travail des pierres gravées. Les Croisés en ont apporté beaucoup de l'Orient, ainsi que les Grecs après la prise de Constantinople.

Collection d'Italie.

Parmi les modernes, *Laurent Médicis* est le premier qui ait fait une collection de pierres gravées. Elle a été augmentée par les soins de Cosme, de Léopold et de ses successeurs, jusques au duc régnant qui témoigne aussi pour ce trésor littéraire le plus grand zèle. Cette collection fait partie de la superbe galerie de Florence. On y compte 4,000 pierres gravées, p armi lesquelles il y en a beaucoup de modernes.

Les autres collections célèbres de l'Italie sont celles du cardinal Borgia à Veletri , principalement pour la suite des scarabées et des pierres égyptiennes. Celle de Barberini à Rome , celle d'Odescalchi , celle de la maison Farnèse , qui appartient aujourd'hui au roi de Naples ; il y en a beaucoup à Modène , et plusieurs particuliers en possèdent des suites intéressantes.

Collections d'Allemagne.

La plus considérable est celle du roi de Prusse, commencée par l'Electeur Fréd.ric Guillaume, et augmentée par le dernier roi de la collection du baron de Sto.ch.

Si celle de Prusse est plus intéressante du côté de l'érudition, celle de Vienne l'est davantage pour l'art; on y remarque des camées d'une grandeur considérable et du plus grand prix. Elle est confiée aux soins du savant Eckhel.

Le Conseil de Léipsic a aussi une jolie collection de pierres gravées.

Collections de Danemarck, Hollande, Russie.

Le roi de Danemarck possède dans le château de Rosenburgh, à Coppenhague quelques vases de sardonyx, et d'autres enrichis de pierres gravées; il a fait travailler dans son palais le célèbre Laurent Natter.

Le prince d'Orange avoit à la Haye une collection de pierres gravées qu'il a emportée dans sa fuite.

L'impératrice de Russie ne possédoit guères de pierre gravées jusqu'au moment où elle fit l'acquisition du cabinet de Natter, mort à Pétersbourg. Elle a depuis considérablement enrichi ce cabinet par l'acquisition de la célèbre collection de la maison d'Orléans.

Collection d'Angleterre.

Les ducs de Bersborough , de Devonshire , de
Carlisles , de Bedford , de Malborough , ont des collections très-célèbres , principalement le dernier.

Collections de France.

Plusieurs églises de France possédoient autrefois
des pierres gravées ; quelques particuliers en
avoient des collections. La seule qui soit aujourd'hui
très-remarquable est celle du Muséum des Antiques
à la Bibliothèque nationale, confiée aux soins de
mon estimable collègue Barthelemi et aux miens.

Collections d'Empreintes.

On ne peut réunir toutes les pierres gravées dans
un cabinet ; mais on y peut réunir une collection
nombreuse d'empreintes. Ces collections sont extrêmement agréables et de la plus grande utilité pour
l'étude de l'Histoire, celle des Arts et de toutes
les parties de l'Antiquité.

Pickler avoit réuni une collection d'empreintes
des plus belles pierres; il vouloit y joindre un catalogue avec des observations sur l'Art. Cet ouvrage, sorti de la plume d'un si grand connoisseur,
auroit été de la plus grande utilité. On a publié
depuis les empreintes avec une simple nomenclature des sujets.

Lippert a publié une collection de quatre mille

empreintes , accompagnée d'un catalogue raisonné
très-bien fait ett rès-curieux par le rapprochement
qu'il a fait des passages des plus grands poëtes et
des meilleurs auteurs classiques. Cette collection
est connue sous le nom de Dactyliothèque de
Lippert.

On connoît les petites boëtes d'empreintes que les
voyageurs rapportent de l'Italie.

Tassie a formé à Londres la collection la plus
considérable d'empreintes ; elle s'élève à plus de
quinze mille. M. Raspe en a publié le catalogue.

Le Muséum des Antiques possède une jolie collection d'empreintes.

Collections de Gravures.

On a publié beaucoup d'ouvrages somptueux qui
contiennent la représentation d'un grand nombre de
pierres gravées.

Les auteurs ont eu pour objet de rassembler
toutes celles sur un même sujet, ou celles conservées dans un même cabinet.

Les premiers ont voulu ainsi expliquer quelques
points de l'antiquité. Tels sont les ouvrages de
Chiflet, sur les *Abraxas ;* de Gori , sur les *Pierres
Astriferes ;* de Ficoroni , sur les *Pierres qui
portent des inscriptions ,* etc. , etc.

Les autres auteurs sont , à proprement parler,
des muséographes. Leurs principaux ouvrages sont :
le *Muséum Florentinum ,* de Gori ; la *Galerie
de Florence ,* par Vicard et Mongez ; le *Muséum*

d'Odescaschi ; la *Description des Pierres en creux du Cabinet du Roi,* par Mariete ; celle *des Pierres du duc d'Orléans,* par Le blond et Lachaux ; celle *du Cabinet de Vienne,* par Eckhel ; du *Cabinet de Gravelle,* de *Crassier,* de *Stosch ;* celle *du Cabinet du duc de Malborough ;* etc., esc.

On en trouve aussi dans les différentes collections d'Antiques ; telles que le *Recueil de Caylus,* l'*Antiquité expliquée* de Montfaucon ; le *Muséum romanum,* etc., etc., etc.

Classification des Pierres gravées.

J'ai déjà dit un mot de la critique des pierres gravées sous le rapport de l'art et de l'érudition.

On suit dans leur classification les divisions de l'Histoire, en réunissant d'abord les sujets de la Fable, ceux de l'Histoire héroïque ; et enfin, ceux de l'Histoire grecque et romaine. On termine par les portraits et les mélanges.

On peut encore ranger les empreintes relativement à l'Histoire de l'Art ; réunir ensemble celles qui ont des noms de graveurs ; enfin, former des collections spéciales relatives aux objets de ses études.

On appelle *Cabochons* les pierres convexes *scarabées,* les pierres ovales qui ont servi de bases aux figures de cet insecte ; *Grylli,* les têtes très-laides du nom d'un Athénien connu par sa laideur ;

conjugées, les têtes représentées sur le même profil; *opposées*; celles qui se regardent, *capita symplegmata*; les têtes groupées d'une manière bisarre, comme la tête de Méléagre avec une hure de sanglier, celle d'une vieille femme avec celle d'un jeune homme, etc.

La parfaite connoissance des pierres gravées ne peut s'acquérir que par l'usage et par une observation constante des empreintes, qu'il faut toujours préférer aux figures.

T A B L E

D E S A R T I C L E S

Contenus dans cet Ouvrage.

Avertissement,   pag. vij

Introduction,   1

Traités généraux sur les Pierres gravées,   2

Substances propres à la Glyptique,   3

Des Pierres siliceuses transparentes,   5

Des Gemmes,   ibid.

Pierres siliceuses,   13

Crystal de Roche,   ibid.

Pierres siliceuses demi-transparentes,   14

Pierres siliceuses opaques,   17

Pétrifications,   18

E

Partie mécanique de la Glyptique, 18

Pâtes et Empreintes, 22

Usage des Pierres gravées, ibid.

Utilité des Pierres gravées, 23

Critique des Pierres grav'es, ibid.

Glyptique chez les Egypt'ens, 25

Glyptique en Afrique et en Asie, 26

Gly tique chez les Etrusques, 27

De l'art et du beau idéal, 28

Glyptique chez les Grecs, 31

Graveurs des premiers temps, 33

Graveurs antérie··s au siècle d'Alexandre, ibid.

Graveurs depuis le siècle d'Alexandre jusqu'au temps où la Grèce fut soumise aux Romains, 34

Graveurs du siècle d'Auguste, 35

Graveurs du temps de Caligula, 39

Graveurs du temps de Titus, ibid.

Graveurs du temps d'Hadrien, 40

Graveurs du temps de Marc-Aurèle, ibid.

Graveurs du temps de Septime-Sévère, 41

Graveurs dont l'époque est absolement incertaine, ibid.

Du Style des Grecs, 43

Graveurs romains, 44

Glyptique dans le Bas-Empire, 46

Glyptique dans le moyen-âge, 47

Des Pierres gravées les plus célèbres, 48

Renaissance de la Glyptique, 50

Graveurs italiens du quinzième siècle, 51

Graveurs italiens du seizième siècle, 52

Graveurs italiens dans le dix - septième siècle, 54

Graveurs italiens au dix-huitième siècle, ibid.

Graveurs allemands,   55

Graveurs anglais,   56

Graveurs français,   57

Etat actuel de la Glyptique,   58

Collections de Pierres gravées,   ibid.

Collections d'Italie,   59

Collections d'Allemagne,   60

Collections de Danemarck, Hollande,
  Russie,   ibid.

Collections d'Angleterre,   61

Collections de France,   ibid.

Collections d'Empreintes,   ibid.

Collections de Gravures,   62

Classification des Pierres gravées,   63

Fin de la Table.